# SOCIÉTÉ

## DE

# L'INDUSTRIE DES CUIRS,

### FONDÉE LE 5 MARS 1848.

## Paris,

### CHEZ VIAL, IMPRIMEUR-LITHOGRAPHE,

RUE SAINTE-ANNE, 54.

**1848.**

# RÉGLEMENT GÉNÉRAL

## DE

## LA SOCIÉTÉ DES CORROYEURS,

## OUVRIERS DE TABLE.

### ARTICLE PREMIER.

Tous les Sociétaires sont égaux devant le Réglement, n'importe à la nation qu'ils appartiennent.

### ART. II.

L'unique but de la Société est de se porter secours fraternellement, pour résister à l'exploitation de l'homme par l'homme.

### ART. III.

Il sera formé un tarif du prix des façons de chaque marchandises entre patrons et ouvriers, tarif basé sur le droit et la raison ; la Société s'engage à maintenir ce tarif par tous les moyens en son pouvoir.

### ART. IV.

Le travail est fixé à dix heures, d'après le décret du 2 mars. Il ne pourra aller au-dessus qu'au cas d'urgence et encore, d'une heure au plus. L'ouvrier devra néanmoins en faire part au Comité qui résoudra l'urgence ; dans le cas contraire, il sera amendable pour la première fois, de 2 francs, et de 5 francs pour la seconde.

### ART. V.

Les fonds étant dès à présent destinés au maintien du Réglement, sous aucun prétexte on n'en pourra changer la destination.

### ART. VI.

La Société ne sera composée que d'ouvriers dont le nom de l'état dérive de la fabrication des cuirs et peaux.

### ART. VII.

Le nombre des Sociétaires est illimité , ils sont tous contribuables.

### ART. VIII.

Pour être admis dans la Société, il faut :
1o Justifier que l'on est ouvrier Corroyeur ;
2e Que l'on accepte franchement les règles qu'impose l'association.

### ART. IX.

S'il arrivait qu'un Sociétaire vint à embrasser un autre état, ou s'il s'établissait, il ne partagera aucune des charges du Sociétaire titulaire, s'agréant comme honoraire ; mais dès sa rentrée, il devra coopérer de nouveau à tout ce que la Société exigera de lui.

### ART. X.

Lorsqu'un candidat se présentera pour être admis, il lui sera donné connaissance du réglement : s'il déclare s'y conformer, il paiera sur le champ entre les mains du receveur au moins le quart du prix d'admission ; il lui sera accordé trois mois à compter de la date de son admission pour payer ladite somme en entier, sans préjudice du courant des cotisations. A défaut d'y satisfaire, il paiera une cotisation forcée de 2 francs, ou sera déchu de ses prétentions, sans remboursement des sommes par lui avancées.

### ART. XI.

Un Sociétaire en arrière de deux mois de sa rétribution et qui viendrait à être mis en grève, sera privé de l'indemnité accordée par la Société. S'il arrivait qu'une maladie ou manque d'ouvrage en fût cause, le comité serait appelé à statuer sur ce cas. L'arriéré en tout cas ne peut se payer sur ce que la Société accorde à ses membres, somme toute en écartant la maladie et le chômage, le secours ne sera donné qu'après quinze jours d'entière liquidation.

### ART. XII.

Chaque Sociétaire recevra une médaille portant son numéro d'ordre. Le prix de la médaille est fixé à 30 centimes ; mais il ne sera délivré de médaille qu'après l'entière liquidation du droit d'admission, et l'acquittement des cotisations régulières. Il recevra, en attendant l'admission, une carte qui le fera connaître comme membre de l'association ; cette carte portera le cachet de la Société et la signature du président.

On devra présenter aux assemblées générales sa carte ou sa médaille ; dans le cas contraire, le Sociétaire sera passible d'être amendé de 25 centimes.

### ART. XIII.

Si un Sociétaire se trouvait dans l'intention de voyager, il sera tenu d'en avertir le bureau dans la personne du délégué, il sera pris note de ses déclarations, et il sera tenu de plus de liquider son arriéré s'il y a lieu, et pourra, cette clause accomplie, rentrer à la Société à son retour.

### ART. XIV.

Un Sociétaire qui voyagera ne sera jamais rayé du contrôle et n'aura pas besoin de payer une seconde fois son admission, quelque soit la durée de son absence.

### ART. XV.

Le prix d'admission est fixé d'après le vote de l'assemblée générale, à 10 francs, à dater du 10 septembre inclusivement, plus une médaille et un livret. Les cotisations mensuelles sont de 2 francs, d'après le vœu de l'assemblée, elles pourront se réduire ou s'élever.

### ART. XVI.

Tout membre qui quittera volontairement la Société, ou sera exclu pour une cause quelconque, ne pourra exiger rétribution des sommes qu'il aura versées.

### ART. XVII.

#### Des Grèves.

Les Grèves seront prononcées dans les cas suivans :
1° Si un patron exigeait plus de dix heures de travail ;
2° S'il voulait réduire le prix porté sur le tarif ;
3° S'il exigeait surcroit de façon sans les solder ;
4° S'il exigeait également des corvées qui seraient préjudiciables à l'ouvrier.

### ART. XVIII.

Quand un atelier se trouvera dans la position indiquée par l'art. XVII, il en préviendra de suite le délégué, qui convoquera le comité pour juger les cas expliqués par les ouvriers de l'atelier.

### ART. XVIII bis.

Une enquête sera faite immédiatement par le délégué, ou en son absence par son adjoint auprès du patron, et note sera prise de ses observations.

### ART. XX.

Quand le comité aura jugé qu'un atelier est en grève, les ouvriers devront le quitter immédiatement, et à compter de ce moment, ils toucheront l'indemnité accordée aux Sociétaires.

### ART. XXI.

Lorsque la grève sera prononcée, il sera établi une surveillance active sur ledit atelier, pour empêcher que d'autres ouvriers ne travaillent en remplacement de ceux qui viennent de le quitter.

### 'Art. XXII.

Un ouvrier surpris à travailler dans une maison en grève sera passible d'une amende de 5 fr. la première fois, et 20 fr. la seconde, au cas de double récidive, il sera rayé du tableau de la Société.

### Art. XXIII.

La grève sera levée dès que le patron accédera aux clauses voulues par la Société, et il lui sera envoyé sur le champ des ouvriers.

### Art. XXIV.

Chaque ouvrier en grève devra se présenter à toute heure de la journée, hormis celle des repas, pour attester sa grève, il devra, en cas d'embauchement, le faire certifier par les ouvriers de la maison dans laquelle il est entré. Tout ouvrier qui malgré cela, travaillerait et toucherait les secours, sera passible d'une amende de 10 fr., ou rayé de la Société, suivant décision de l'assemblée générale.

### Art. XXIV *bis*.

Un ouvrier en grève aurait l'intention de voyager, il lui sera accordé six jours de paie d'avance, sans qu'il puisse prétendre à aucun autre secours, si l'atelier restait plus longtemps en grève, mais sans qu'il soit tenu à rembourser dans le cas contraire.

### Art. XXV.

**Du Bureau et de sa composition.**

Le Bureau est composé ainsi qu'il suit :
Un Président et son adjoint ;
Un Secrétaire et son adjoint ;
Un Trésorier et son adjoint.

### Art. XXVI.

Ces trois premiers fonctionnaires et leurs adjoints seront nommés au scrutin individuel de tous les membres ; mais ils devront réunir la majorité absolue des voix des Sociétaires présents ; et les adjoints passeront de droit titulaires, ou il sera encore procédé à la nomination de nouveaux adjoints ; leur exercice durera un an.

### Art. XXVII.

Il sera également nommé par la Société un comité de 20 membres qui sera renouvelé tous les trois mois à tour de rôle des Sociétaires ; nul n'a le droit de s'y refuser.

### Art. XXVIII.

Chaque Sociétaire doit participer aux charges de la Société. Un membre nommé à un emploi quelconque sera tenu d'accepter, il paiera sinon une somme de 5 francs au profit de la caisse sociale, à moins qu'il ne justifie d'un cas légitime d'empêchement. Trois mois sont accordés pour le paiement desdits 5 francs.

### Art. XXIX.

Un Sociétaire ayant atteint soixante ans, est autorisé à n'accepter aucune fonction.

### Art. XXX.

#### Emplois du Bureau.

Le délégué est le chef de la Société, il doit en surveiller les opérations, ainsi que la stricte exécution du Réglement ; toute délibération doit être revêtue de sa signature, sinon elle est nulle, ainsi que tous les comptes des recettes et dépenses : il ouvrira les séances, posera les questions, les mettra aux voix, prononcera les décisions qui devront être prises à la majorité absolue, et lèvera la séance.

### Art. XXXI.

Le secrétaire dressera les procès-verbaux de toutes les opérations de la Société, inscrira les inscriptions, rédigera les mémoires et comptes de recettes et paiements, fera la lecture des pièces déposées au bureau et signera toutes ses opérations.

### Art. XXXII.

Le trésorier tiendra compte de ses recettes et dépenses ; à la fin de chaque recette, les fonds seront déposés dans la caisse, qui fermera à trois clefs différentes ; une clef au délégué, une au caissier, une troisième entre les mains d'un des membres du comité ; néanmoins il restera toujours entre les mains du caissier une somme de 200 francs pour le service courant, et il sera tenu de représenter cette somme à chaque assemblée, soit en espèces, soit en valeurs, afin qu'elle soit toujours au complet ; il ne pourra faire de dépenses extraordinaires au-delà de 12 francs sans l'autorisation du comité ; il sera tenu de donner un récépissé des sommes qui lui seront confiées. S'il arrivait qu'un besoin urgent nécessite de retirer des fonds, il en sera donné autorisation au caissier par une décision prise en assemblée générale et à la majorité.

### Art. XXXIII.

Le caissier ne délivrera aucune somme sans un mandat du délégué ; il demeure responsable de toutes les sommes qu'il aurait payé sans ledit mandat.

### Art. XXXIV.

Le comité sera chargé de juger les différents survenus entre patrons et ouvriers de la Société. Le bureau fait partie du comité, et le délégué y tiendra toujours son rang.

### Art. XXXV.

#### Des Assemblées.

Il y aura trois sortes d'assemblées : les assemblées générales ordinaires, les assemblées générales extraordinaires et les assemblées de recettes.

### Art. XXXVI.

Les assemblées générales ordinaires auront lieu les premier dimanche de janvier, d'avril, de juillet et d'octobre, sans réavis ; elles seront destinées à la reddition des comptes du trimestre précédent ; aux discussions relatives aux intérêts de la Société ; à l'installation des membres du bureau et comité.

Il y aura à chaque assemblée générale ordinaire, deux appels : le premier à midi et le second à la fin de la séance ; celui des Sociétaires qui n'aurait point répondu au premier appel sera amendable de 50 cent. pour manquer au second elle sera d'un franc.

L'appel se fera par ordre numérique.

Un Sociétaire qui répondrait à un autre nom que le sien sera passible d'une amende d'un franc.

### Art. XXXVII.

Le secrétaire fera lecture du procès-verbal de la dernière assemblée de recette, pour faire modifier ou arrêter sa rédaction, ou la rejeter s'il y a lieu ; toute discussion aura lieu, toutes réclamations, pétitions ou adresses seront présentées et lues à l'assemblée générale ; après l'adoption des procès-verbaux, on nommera ensuite cinq vérificateurs pris hors les membres du bureau pour procéder à l'examen des comptes, puis les vérificateurs en feront le rapport à l'assemblée, signeront les comptes, et la séance sera levée. Un vérificateur nommé qui se refuserait à ce mandat, sera à l'amende d'un franc, à moins qu'il ne justifie d'incapacité.

### Art. XXXVIII.

Les assemblées générales extraordinaires auront toujours pour objet es cas imprévus qui exigeraient une prompte décision et la présence de t oue les membres sociétaires.

### Art. XXXIX.

Le délégué a le droit de faire cette convocation sur l'avis des membres du comité, ou lorsqu'un quart des membres de la Société la réclameront, en énonçant le motif par écrit.

Le délégué sera tenu de convoquer tous les membres de la Société par la voie des lettres. Les Sociétaires qui manqueraient à cette assemblée seront passibles de la cotisation forcée portée par l'art. XXXVI, à moins qu'ils ne justifient un cas réel d'empêchement.

### Art. XL.

Les assemblées de recettes auront lieu tous les quinze jours, au lieu choisi par la Société de midi à 3 heures.

### Art. XLI.

Les assemblées de comité se feront sur la convocation du délégué, quand il le jugera à propos. A chaque assemblée de comité il sera fait un appel. Les membres qui ne seraient pas présents seront à l'amende de 50 centimes.

### Art. XLII.

Un receveur sera nommé dans chaque atelier, il devra apporter au bureau tous les quinze jours la recette de chaque Sociétaire. Il devra se munir d'un livre où l'on inscrira les noms de ceux qui ont versé, et ce livre sera signé à chaque recette par le trésorier.

### Art. XLII *bis*.

Tout Sociétaire devra être receveur à tour de rôle, quiconque s'y refuserait sera à l'amende d'un franc.

### Art. XLIII.

Toute espèce d'assemblée est présidée par le délégué ou son adjoint.

### Art. XLIV.

Si les membres du bureau ou leur adjoint ne se trouvaient pas aux assemblées, ils paieront une amende d'un franc, à moins d'empêchement légitime.

### Art. XLV.

Lorsque la séance sera ouverte aux assemblées, le secrétaire tiendra une liste des membres qui veulent prendre la parole, et le délégué leur indiquera le moment où leur tour sera venu.

### Art. XLVI.

Le Sociétaire qui aura la parole ne pourra être interrompu que par le délégué, et dans le cas où il sortirait de la question et du respect dû à l'assemblée.

### Art. XLVI *additionnel*.

Le Sociétaire qui voudrait reprendre la parole avant que la liste ne soit épuisée, sera rigoureusement rappelé au silence, en cas où il persisterait, la parole lui sera retirée pour le temps que le délégué jugera convenable.

### Art. XLVII.

La discussion étant fermée, le délégué mettra la proposition aux voix par assis et levé ; si le délégué déclare qu'il y a doute, les voix seront recueillies par appel nominal et dans tous les cas si dix membres le réclame, il ne pourra être refusé ; le délégué prononcera ce qui a été décidé comme étant le vœu de l'assemblée générale.

### Art. XLVIII.

Tout Sociétaire est obligé de se comporter avec décence aux assemblées, sinon il sera éconduit sur l'invitation du délégué, et s'il tient des propos inconvenans, s'il injurie quelqu'un, il sera puni d'une cotisation forcée dont l'assemblée fixera le chiffre d'après le cas.

### Art. XLIX.

**Dispositions générales pour tous les Sociétaires sans distinction, relativement aux paiemens.**

Toute cotisation forcée, de quelle nature qu'elle soit est de rigueur, et sera payée avant celle du mois. Le prétexte de réclamation ne peut dispenser qui que ce soit de payer les cotisations forcées dans le délai prescrit ; autrement la réclamation n'en aurait pas moins lieu contre celui qui s'obstinerait. C'est à l'assemblée générale à lui faire droit, et au cas de réussite, il lui sera tenu compte des sommes qu'il aura pu payer.

### Art. L.

Tout membre averti, qui au bout de trois mois ne paierait pas ses amendes, elles seront doublées et ainsi de suite jusqu'à l'expiration du sixième mois, ou il sera exclu s'il n'est libéré entièrement.

### Art. LI.

Lorsqu'un Sociétaire en retard de paiement présentera de l'argent pour payer, s'il doit des cotisations forcées, le receveur devra d'abord en porter la rentrée.

### Art. LII.

Il est du droit et de l'intérêt des Sociétaires de prévenir le secrétaire de leurs changemens de domicile ; ceux qui par leur négligence ne recevraient pas les avertissemens qui leur seront donnés, n'en subiraient pas moins la punition, de telle nature qu'elle devra être appliquée.

### Art. LIII.

Toute exclusion, exceptée pour cause infamante ou refus de paiement ne pourra être délibérée qu'en assemblée générale et à la majorité des trois quarts des membres présents.

### Art. LIV.

Tout Sociétaire ayant encouru une condamnation judiciaire, soit de Cour d'assises ou de police correctionnelle, lorsqu'elle sera de nature à flétrir l'honneur et la probité, ne sera pas admis dans la Société, et le Sociétaire qui s'en rendrait coupable sera rayé dé suite de la Société, sans qu'il puisse prétendre à aucune indemnité.

### Art. LV.

L'exclusion est également prononcée contre le Sociétaire qui se permettrait des voies de fait dans une assemblée quelconque. La décision de la majorité pourra néanmoins être réclamée par le délinquant, et cette décision sera inattaquable, étant le vœu de l'assemblée.

### Art. LVI.

L'ouvrier étranger, qui ne fera pas partie d'aucune association établie dans la partie du cuir sur le territoire de la République, ne sera admis dans ladite Société que présenté par quatre Sociétaires, déclarant le connaître, ou a défaut des quatre Sociétaires, sur un certificat du consul de sa nation.

### Art. LVII.

Un Sociétaire qui viendrait a décéder, il sera payé à sa veuve ou à ses enfans, père, mère, frères ou sœurs, la somme de 50 centimes par chaque Sociétaire travaillant dans le département de la Seine

### Art. LVIII.

L'ouvrier qui dépasserait la somme de 40 francs par semaine sera passible d'une amende de 5 francs, au cas de récidive, l'amende sera doublée.

Il est dans l'intéret de chaque ouvrier de veiller à cette clause du réglemeut.

Ledit réglement soumis, discuté et adopté en assemblée générale, les 10 et 12 septembre 1848.

# TARIF

DES

# OUVRIERS DÉRAYEURS.

## MAROQUINERIE.

| | |
|---|---|
| Chapellerie saumac et bord. . . . . . . . . . | 2 f. 50 c. |
| — *id.* — bazannes. . . . . . . . . . . | 2 » |
| — *id.* — raye de dos. . . . . . . . . | 1 » |
| Relieur sumac et bazannes. . . . . . . . . . | 1 75 |
| Sumac bazannes charnées pour cylindres et chagrin.. | 1 50 |
| Veaux relieur et russe. . . . . . . . . . | 5 » |
| Maroquins chagrin. . . . . . . . . . | 2 » |
| — *id.* — noir. . . . . . . . . . . | 1 50 |
| — *id.* — meubles. . . . . . . . . . | 2 25 |
| Moutons chipé sans distinction. . . . . . . | 2 » |
| —*id.*— meubles... . . . . . . . . | 2 » |
| —*id.*— scié vernis. . . . . . . . . | 3 » |
| —*id.*— Marseilles vernis en croûte. . . . . . | 6 » |

## NOIR.

| | |
|---|---|
| Vache grasse en croûte. . . . . . . . . . | 1 75 |
| — *id.* — sciée. . . . . . . . . . | 1 50 |
| Bache en croûte. . . . . . . . . . | 1 50 |
| —*id.* sciée. . . . . . . . . . | 1 25 |
| Vache soufflet. . . . . . . . . . | 1 » |
| —*id.* à l'eau et mince vernis. . . . . . . | 2 50 |
| —*id.* jaune. . . . . . . . . . | 1 50 |
| —*id.* poitrail. . . . . . . . . . | 1 » |
| Dérayage de vache en tripes. . . . . . . . | 1 50 |
| Débordage de vache en tripe. . . . . . . . | » 50 |
| — *id.* — de bœuf en tripe. . . . . . . | » 75 |
| Croûte. . . . . . . . . . . . | » 75 |
| —*id.*—avec collet venant du dérayage en tripe. . 1 » |

Caparaçon de 6 à 10 demi-kilo. . . . . . . . . . » f. 50 c.
Tabliers de 10 à 15 demi-kilo. . . . . . . . . 1 »
Cuirs en général. . . . . . . . . . . . . . » 50
Peau de cochon en croûte. . . . . . . . . . . 1 »
— *id.* — en tripe. . . . . . . . . . . » 75

## VERNIS.

Veau à grain jusqu'à 3 kilo et demi. . . . . . . 6 »
— *id.* — au-dessus de 3 kilo et demi. . . . . 8 »
Veau ceinturon jusqu'à 3 kilo et demi. . . . . . 2 50
-*id.*- sur fleurs. . . . . . . . . . . . . 4 »
-*id.*- ceinturon au-dessus de 3 kilo et demi. . . . 3 »
-*id.*- mince verni pour chaussure. . . . . . . 2 50
— *id.* — effleuré.. . . . . . . . . . . 1 25
— *id.* — filature en sorte . . . . . . . . 6 »
— *id.* — à carde. . . . . . . . . . . 6 »
Vache à cardé laine et coton. . . . . . . . . 1 »
Croupon à carde écharné. . . . . . . . . . » 50
Mouton filature. . . . . . . . . . . . . 2 »
—*id.*—raie dos filature. . . . . . . . . . 1 »
Capote vernie en croûte. . . . . . . . . . . 2 25
Vache vernie sciée. . . . . . . . . . . . 2 »
Bœuf et taureau. . . . . . . . . . . . . 2 25
Vache sciée en tripe. . . . . . . . . . . . 2 »
-*id.*- dérayée en tripe.. . . . . . . . . . 1 50
Bœuf et taureau en tripe. . . . . . . . . . 2 25
Chevaux pour capotes. . . . . . . . . . . 1 50

## PARTIE ANGLAISE.

Gros veau ciré écharné au-dessus de 25 kilo.. . . . 1 75
— *id.* — moyen — *id.* — de 15 kilo.. . . . 1 50
— *id.* — petit au-dessous de 15 kilo.. . . . 1 25
Gros veau ciré au-dessus de 25 kilo traversé. . . 2 50
Veau moyen ciré — *id.* — de 15 kilo —*id.*—. . . 2 »
Petit veau ciré au-dessous de 15 kilo —*id.*—. . . 1 75
Blanchissage gros veau la douzaine. . . . . . 2 »
— *id.* — moyen — *id.* — . . . . . 1 75
— *id.* — petit — *id.* — . . . . . 1 50
— *id.* — débris de Bordeaux les 50 kilo. . . . 6 »
— *id.* — débris de cheval et pattes imprimées, 50 k. 4 »
— *id.* — de débris ciré collets compris.. . . . 5 »
— *id.* — de cheval les 50 kilo. . . . . . 4 »
— *id.* — de tiges en avant-pieds dégraissés. . . 6 75
— *id.* — de tiges plattes. . . . . . . . 3 50
— *id.* — d'avant-pieds. . . . . . . . . 3 »
— *id.* — de derrières. . . . . . . . . . 2 50

Blanchissage de croupons de vache, la douzaine. . . 3 f. » c.
Veau fort et tige traversée, la douzaine. . . . . . 2 50
–*id.*–moyen — *id.* — —*id.*—. . . . . . . 2 »
-*id.*- petit — *id.* — —*id.*—. . . . . . 1 75
Veau en sorte de l'abat de Paris. . . . . . . . 2 25
Egalissage de tiges de veau non-égalisées . . . . 3 75
—*id.*— —*id.*— égalisées. . . . . . 2 50
Chevaux en croute . . . . . . . . . . . » 40
Cuve de 25 chevaux tannée dérayée en tripe. . . . 7 »
Croupon de vache égalisée, la douzaine. . . . . . 3 50
—*id.*— de vache non égalisée,—*id.*—. . . . . 2 50
Egalissage de grandes tiges de cavalerie. . . . . 8 »
Botillon et grand derrière. . . . . . . . . 5 »
Avant-pieds. . . . . . . . . . . . . 3 »
Petits derrières de botillon. . . . . . . . 2 50
Blanchissage de tiges et avant-pieds de cavalerie.. . 7 50
— *id.* — —*id.*— derrières — *id.* —.. . 2 50

## FOURNITURES.

Garniture de pantalon. . . . . . . . . . 17 »
—*id.*— manchette . . . . . . . . . . 2 »
—*id.*— fausses bottes . . . . . . . . . 8 »
Egalissage de guêtres, les 100 paires. . . . . . 6 »
— *id.* — non-dérayées, les 100 paires. 8 »
Vache à guêtres . . . . . . . . . . . » 60
-*id.*- à cartouchières. . . . . . . . . » 75
Veau à guêtres . . . . . . . . . . . 2 »
Croupon de vache à giberne. . . . . . . . » 50
— *id.* — avec collet pour giberne. . . . . » 75
Collet de vache pour verni, contre-épaulettes, la pièce. » 25
Carcasses, le 100, minces. . . . . . . . . 3 »
—*id.*— —*id.*— fortes . . . . . . . . 5 »
Veaux pour bordures de sac, la douzaine. . . . . 1 50
Ventre à sachet, mince, les 50 kilo.. . . . . . 8 »
— *id.* — fort, — *id.* —. . . . . . . 7 »
Vache sciée compris la croute pour visière. . . . 1 50
— *id.* — petite. . . . . . . . . . » 50
Vache pour ceinturon. . . . . . . . . . 1 50
Vache effleurée. . . . . . . . . . . » 35
Calots , le cent. . . . . . . . . . . 1 50

# TARIF

## DES

# OUVRIERS CORROYEURS,

## FAÇON DE TABLE.

### 1848.

---

## PARTIE ANGLAISE, VEAUX CIRÉS.

### VEAUX FORTS DE 25 KILOS ET AU-DESSUS.

| | | |
|---|---|---|
| Crépissage. . . . . . . . . . . . . . . . . . . la douzaine. | » f. | 60 c. |
| Mise au vent. . . . . . . . . . . . . . . . . . . . . | 1 | 75 |
| Retenage. . . . . . . . . . . . . . . . . . . . . | » | 70 |
| Mise en huile . . . . . . . . . . . . . . . . . . . | 1 | 25 |
| Dégraissage . . . . . . . . . . . . . . . . . . . . | » | 70 |
| Blanchissage à l'étire . . . . . . . . . . . . . . . | 1 | 40 |
| Pommelage . . . . . . . . . . . . . . . . . . . . | » | 60 |
| Cirage . . . . . . . . . . . . . . . . . . . . . | 1 | 25 |
| Colle première. . . . . . . . . . . . . . . . . . | » | 45 |
| Glaçage. . . . . . . . . . . . . . . . . . . . . | » | 40 |
| Colle dernière . . . . . . . . . . . . . . . . . . | » | 40 |
| Total . . | 9 | 50 |

### VEAUX MOYENS DE 13 KILOS A 25.

| | | |
|---|---|---|
| Crépissage. . . . . . . . . . . . . . . . . . . . | » | 50 |
| Mise au vent. . . . . . . . . . . . . . . . . . . . | 1 | 30 |
| Retenage . . . . . . . . . . . . . . . . . . . . . | » | 50 |
| Mise en huile. . . . . . . . . . . . . . . . . . . | » | 90 |
| Dégraissage. . . . . . . . . . . . . . . . . . . . | » | 50 |
| Blanchissage. . . . . . . . . . . . . . . . . . . . | 1 | » |
| Pommelage . . . . . . . . . . . . . . . . . . . . | » | 45 |
| Cirage . . . . . . . . . . . . . . . . . . . . . | » | 90 |
| Colle première. . . . . . . . . . . . . . . . . . | » | 35 |
| Glaçage. . . . . . . . . . . . . . . . . . . . . | » | 30 |
| Colle dernière . . . . . . . . . . . . . . . . . . | » | 30 |
| Total . . | 7 | » |

VEAUX PETITS JUSQU'A 15 KILOS.

| | | |
|---|---|---|
| Crépissage . . . . . . . . . . . . . . . . . . . . . . | » f. | 40 c. |
| Mise au vent . . . . . . . . . . . . . . . . . . . | 1 | » |
| Retenage . . . . . . . . . . . . . . . . . . . . . | » | 40 |
| Mise en huile . . . . . . . . . . . . . . . . . . | » | 65 |
| Dégraissage . . . . . . . . . . . . . . . . . . . | » | 40 |
| Blanchissage à l'étire . . . . . . . . . . . . . | » | 75 |
| Pommelage . . . . . . . . . . . . . . . . . . . | » | 35 |
| Cirage . . . . . . . . . . . . . . . . . . . . . | » | 65 |
| Colle première . . . . . . . . . . . . . . . . . | » | 25 |
| Glaçage . . . . . . . . . . . . . . . . . . . . . | » | 20 |
| Colle dernière . . . . . . . . . . . . . . . . . | » | 20 |
| Total . . | 5 | 25 |

# VEAUX DE BORDEAUX.

| | | |
|---|---|---|
| Crépissage . . . . . . . . . . . . . . . . . . . | » | 40 |
| Mise au vent . . . . . . . . . . . . . . . . . . | 1 | » |
| Retenage . . . . . . . . . . . . . . . . . . . . | » | 40 |
| Mise à l'huile . . . . . . . . . . . . . . . . . | » | 65 |
| Dégraissage . . . . . . . . . . . . . . . . . . | » | 40 |
| Blanchissage à l'étire . . . . . . . . . . . . . | 1 | 20 |
| Pommelage . . . . . . . . . . . . . . . . . . . | » | 35 |
| Cirage . . . . . . . . . . . . . . . . . . . . . | » | 70 |
| Colle première . . . . . . . . . . . . . . . . . | » | 25 |
| Glaçage . . . . . . . . . . . . . . . . . . . . . | » | 20 |
| Colle dernière . . . . . . . . . . . . . . . . . | » | 20 |
| Total . . | 5 | 75 |

| | | |
|---|---|---|
| Croupons de veaux forts jusqu'au dégraissage la douz. | 4 | 20 |
| ——id.—— depuis 10 kilos jusqu'à 25 kilos . | 2 | 85 |

NOTA. Les croupons forts au-dessus de 25 kilos devront être payés comme les veaux moyens.

CROUPONS DE VACHES.

| | | |
|---|---|---|
| Rebroussage . . . . . . . . . . . . . . . . la douz . | 1 | 50 |
| Crépissage . . . . . . . . . . . . . . . . . . . | » | 75 |
| Mise au vent . . . . . . . . . . . . . . . . . . | 2 | 25 |
| Retenage . . . . . . . . . . . . . . . . . . . . | » | 90 |
| Mise en huile . . . . . . . . . . . . . . . . . | 1 | 50 |
| Dégraissage . . . . . . . . . . . . . . . . . . | 1 | 20 |
| Crépis sur l'huile . . . . . . . . . . . . . . . | 1 | » |
| Grainer et glacer . . . . . . . . . . . . . . . | 1 | » |
| Total . . | 10 | 10 |

| | | |
|---|---|---|
| Vache étirée . . . . . . . . . . . . . le cent. | 6 | » |

VEAUX BLANCS DE 7 A 12 KILOS.

| | | | |
|---|---|---|---|
| Butage au vif . . . . . . . . . . . . la douz . | 3 | » |
| Crépissage au vif . . . . . . . . . . . . . . | 1 | 25 |
| Mise au vent . . . . . . . . . . . . . . . . | 3 | 25 |
| Retenage et en huile . . . . . . . . . . . . | 4 | » |
| Dégraissage . . . . . . . . . . . . . . . . | 1 | » |
| Pommelage . . . . . . . . . . . . . . . . . | » | 80 |
| Total . . | 13 | 30 |

| | | | |
|---|---|---|---|
| Cheval en croûte . . . . . . . . . les 50 kilos . | 40 | » |
| Cheval frais . . . . . . . . . . les 50 kilos . | 35 | » |

## DÉBRIS.

| | | | |
|---|---|---|---|
| Débris veaux frais . . . . . . . . . les 50 kilos . | 30 | » |
| Id. de pays et de Bordeaux . . . . . . . . . . | 40 | » |
| Id. cirés et entrecoupés . . . . . . . . . . . | 40 | » |
| Id. de Bordeaux et de pays pour doublure . . . . | 20 | » |
| Collets de pays et de Bordeaux cirés . . . . . . . | 30 | » |
| Id. blanc frais ou pays . . . . . . . . . . | 15 | » |
| Id. frais ou pays imprimés . . . . . . . . . | 25 | » |
| Id. étirés . . . . . . . . . . . . . . . . | 8 | » |

DÉBRIS A BRETELLES.

| | | | |
|---|---|---|---|
| Butage et mis au vent . . . . . . . . . . . . | 7 | 50 |
| Retenage . . . . . . . . . . . . . . . . . . | 3 | » |
| Mettage en huile . . . . . . . . . . . . . . | 2 | 50 |
| Glaçage et essuyage . . . . . . . . . . . . . | 2 | » |
| Total . . | 15 | » |

## TIGES PLATES DE PAYS.

BOTTINES ET AVANT-PIEDS.

| | | | |
|---|---|---|---|
| Crépissage . . . . . . . . . . . les 100 paires . | 1 | 50 |
| Mise au vent . . . . . . . . . . . . . . . . | 3 | 75 |
| Mise en huile , fleur et chair . . . . . . . . . | 4 | » |
| Dégraissage , fleur et chair . . . . . . . . . . | 2 | 25 |
| Total . . | 11 | 50 |

## TIGES DE BORDEAUX.

| | | | |
|---|---|---|---|
| Mise au vent . . . . . . . . . les 100 paires . | 2 | 75 |
| Mise en huile , l'ailette pour étendre et détendre . . . | » | 75 |
| Les autres façons comme la tige de pays | | |

## TIGES CAMBRÉES.

Mise au vent de chair et brossé de fleur cœursé deux fois
    les 100 paires . . . . . . . . . . . . . . . . . . 4    »
Cœursage et effleurage , la reprise bien directe . . . . 2    »
Avant-pieds. . . . . . . . . . . . . . . . . . . . 1    60
Tirage au liége, nourrir l'ailette, dégraisser la fleur, un
    coup de cœurse sur le pied et essuyer la fleur . . . 2    75
      NOTA. Les tiges , avant-pieds et bottines sans façon
de chair et cœursé seulement une fois . . . . . . . 2    75
La tige cambrée , avant-pieds et bottines sans le coup de
    cœursé après le dégraissage. . . . . . . . . . . . 1    75

### DERRIÈRES.

Crépissage. . . . . . . . . . . . . les 100 paires . 1    50
Mise au vent. . . . . . . . . . . . . . . . . . . . 2    50
Mise en huile et retenir. . . . . . . . . . . . . . 2    50
Dégraissage . . . . . . . . . . . . . . . . . . . . 1    25
Effleurage. . . . . . . . . . . . . . . . . . . . . 2    »
Cirage et finissage . . . . . . . . . . . . . . . . 3    »

                                           Total . . 12    75

## VERNIS.

### VEAUX AU-DESSUS DE 2 KILOS.

Crépissage. . . . . . . . . . . . . . . . la douzaine . »    60
Mise au vent. . . . . . . . . . . . . . . . . . . . 1    50
Mise en huile et retenir . . . . . . . . . . . . . . 1    40
Blanchissage. . . . . . . . . . . . . . . . . . . . 1    25
Finissage. . . . . . . . . . . . . . . . . . . . . . »    60

                                           Total . . 5    35

### VEAUX AU-DESSOUS DE 2 KILOS.

Crépissage. . . . . . . . . . . . . . . . la douzaine . »    40
Mise au vent. . . . . . . . . . . . . . . . . . . . 1    20
Mise en huile et retenir. . . . . . . . . . . . . . 1    10
Blanchissage. . . . . . . . . . . . . . . . . . . . 1    »
Finissage. . . . . . . . . . . . . . . . . . . . . . »    45

                                           Total . . . 4    15

VEAUX MINCES.

| | | |
|---|---|---|
| Crépissage | » | 40 |
| Mise au vent | » | 85 |
| Retenage | » | 30 |
| Mise en huile | » | 45 |
| Parrage | » | 60 |
| Pomelage | « | 30 |
| **Total.** | **2** | **80** |

# MOUTONS DE TOUTES FAÇONS.

| | | |
|---|---|---|
| Mise au vent, en huile, grattage. | 2 | 25 |

MOUTONS SCIÉ TANNÉ AU SUMAC.

| | | |
|---|---|---|
| Mise au vent | 1 | » |
| Après être drayé | » | 60 |
| Grattage | » | 25 |

MOUTONS A CEINTURONS.

| | | |
|---|---|---|
| Mise au vent | » | 50 |
| Retenage et en huile | » | 50 |

MOUTONS MINCES BASANES.

| | | |
|---|---|---|
| Mise au vent | » | 50 |
| Mise en huile | » | 50 |

# MAROQUIN.

| | | |
|---|---|---|
| Crépissage | » | 60 |
| Mise au vent | » | 75 |
| Mise en huile | « | 75 |
| Grattage | » | 40 |
| Grainage | » | 50 |
| **Total.** | **3** | **20** |

# CAPOTTES VERNIES.

| | | |
|---|---|---|
| Défonçage et crépissage | » | 50 |
| Mise au vent et sumac | 1 | 10 |
| Mise en huile | » | 60 |
| Effleurage et blanchissage à l'étire | » | 60 |
| Grainage en blanc | » | 50 |
| Relevé le grain | » | 50 |
| Grainer sur le vernis sans avoir été grainé sur le blanc | » | 75 |
| **Total.** | **4** | **55** |

# VACHES POUR VISIÈRES ET GIBERNES VERNIES.

Défonçage. . . . . . . . . . . la pièce . » 30
Crépissage. . . . . . . . . . . . . . . » 20
Au vent, au-dessous de 25 livres. . . . . . . » 75
En huile. . . . . . . . . . . . . . . » 50
Retenage. . . . . . . . . . . . . . . » 25
Blanchissage. . . . . . . . . . . . . . » 40

Total. . 2 40

## CROUPONS ET GÉNISSES.

Crépissage. . . . . . . . . . la pièce . » 25
Mise au vent. . . . . . . . . . . . . » 35
Mise en huile. . . . . . . . . . . . . » 30
Finissage. . . . . . . . . . . . . . » 30

Total. . 1 20

Collets vernis. . . . . . . . . la douzaine . 3 75

# FILATURE VEAUX.

Crépissage. . . . . . . . . la douzaine . » 50
Mise au vent et sumac. . . . . . . . . . 1 75
Mise en huile. . . . . . . . . . . . . » 75
Grattage. . . . . . . . . . . . . . » 70
Ponçage et passage à l'amidon. . . . . . . . » 50
Glaçage et brossage. . . . . . . . . . . » 70

Total. . 4 90

## MOUTONS POUR FILATURES.

De tous points. . . . . . . . . . . . . 2 »

# CARDES. VEAUX.

Crépissage. . . . . . . . . la douzaine . » 90
Mise au vent. . . . . . . . . . . . . 5 »
En huile et retenir. . . . . . . . . . . 5 »
Dégraissage. . . . . . . . . . . . . 7 75

Total. . 11 65

### CROUPONS A CARDES.

| | | | |
|---|---|---|---|
| Crépissage. . . . . . . . . . . . . . . . . . la douzaine . | | 1 | 50 |
| Mise au vent. . . . . . . . . . . . . . . . . . . | | 6 | » |
| En huile et retenir. . . . . . . . . . . . . . . . . | | 5 | » |
| Finissage. . . . . . . . . . . . . . . . . . . . | | 3 | » |
| | Total. . | 15 | 50 |

| | | | |
|---|---|---|---|
| Veaux à bandages. . . . . . . . . . la douzaine . | | 12 | » |

### VEAUX A REVERS.

| | | | |
|---|---|---|---|
| Crépissage. . . . . . . . . . . . . . . . . . . | | » | 75 |
| Mise au vent. . . . . . . . . . . . . . . . . . . | | 3 | 25 |
| En acide et rincer. . . . . . . . . . . . . . . . . | | 1 | » |
| Mise en sumac et recoulage. . . . . . . . . . . . | | 2 | » |
| Retenage. . . . . . . . . . . . . . . . . . . . | | 1 | » |
| Mise en huile. . . . . . . . . . . . . . . . . . | | 1 | 50 |
| Finissage. . . . . . . . . . . . . . . . . . . . | | 1 | 50 |
| | Total. . . | 11 | » |

### VEAUX A CEINTURONS DE 12 A 15 LIV. (EN CROUTON).

| | | | |
|---|---|---|---|
| Crépis après l'écharnage. . . . . . . . . . . . . | | 1 | 50 |
| Mise au vent. . . . . . . . . . . . . . . . . . | | 5 | » |
| En huile et retenage. . . . . . . . . . . . . . . | | 4 | » |
| Grainage et Blanchissage à l'étire. . . . . . . . . | | 3 | » |
| | Total. . . | 13 | 50 |

### VEAUX A CEINTURONS DE 8 A 12 LIVRES.

| | | | |
|---|---|---|---|
| Crépis après l'écharnage. . . . . . . . . . . . . | | 1 | » |
| Mise au vent. . . . . . . . . . . . . . . . . . | | 4 | » |
| En huile et retenage. . . . . . . . . . . . . . . | | 3 | 50 |
| Grainage. . . . . . . . . . . . . . . . . . . . | | 1 | 50 |
| Dégraissage au vif . . . . . . . . . . . . . . . | | 1 | 50 |
| | Total. . . | 11 | 50 |

### CROUPONS A CEINTURONS ET GIBERNES.

| | | | |
|---|---|---|---|
| Défonçage (de 3 à 4 pieds). . . . . . . . . . . . | | » | 20 |
| Crépissage. . . . . . . . . . . . . . . . . . . | | » | 10 |
| Mise au vent et retenage. . . . . . . . . . . . . | | » | 35 |
| Noircissage. . . . . . . . . . . . . . . . . . . | | » | 5 |
| Finissage. . . . . . . . . . . . . . . . . . . . | | » | 30 |
| Tirage au liège. . . . . . . . . . . . . . . . . | | » | 10 |
| | Total. . . | 1 | 10 |

Croupons de 4 à 6 p. et au-dessus pour ceiuturons et
gibernes. . . . . . . . . . . . . . . . . . . . . 1   50

CROUPONS A VISIÈRES DE 3 A 4 PIEDS.

Défonçage. . . . . . . . . . . . . . . . . la pièce. »   20
Crépissage. . . . . . . . . . . . . . . . . . . . . »   10
Mise au vent . . . . . . . . . . . . . . . . . . . . »   20
En huile et retenage. . . . . . . . . . . . . . . . . »   15
Blanchissage. . . . . . . . . . . . . . . . . . . . . »   10

Total. . . 2   25

Croupons pour carcasses. . . . . . . . . . . . . »   80
Collets pour carcasses.. . . . . . . . . . . . . . . »   40
Etant drayés. . . . . . . . . . . . . . . . . . . . »   30

CROUTES.

Mise au vent en premier. . . . . . . . . . . . . . »   20
———*Id.*——— en second, . . . . . . . . . . . »   20
Mise en huile. . . . . . . . . . . . . . . . . . . . »   20
Blanchissage. . . . . . . . . . . . . . . . . . . . »   25

Total. . » 85

Cuir noir à mécanique . . . . . . . . . la pièce . 2   50
Vaches à tuyaux. . . . . . . . . . . . —*Id.*— 1   35
Vaches à carcasse jusqu'à 15 kilos.. . . . —*Id.*— 1   »
———*Id.*——— au-dessus de 15 kilo. . . —*Id.*— 1   25

# ÉQUIPEMENT MILITAIRE.

GARNITURES.

Collage. . . . . . . . . . . . les 100 paires . 25   »
Noircissage. . . . . . . . . . . . . . . . . . 5   »
Finissage. . . . . . . . . . . . . . . . . . . 8   50
Blanchissage. . . . . . . . . . . . . . . . . 6   »
Retenage. . . . . . . . . . . . . . . . . . . 8   »
Grainage. . . . . . . . . . . . . . . . . . . 1   75

Total. . 49   25

GUÊTRES MILITAIRES.

Les 100 paires en huile et en suif. . . . . . . . . . . 2   »

### TIGES A REVERS.

| | | | |
|---|---|---|---|
| Rentrage et formage. | la paire . | » | 25 |
| Mise au vent. | | » | 15 |
| Crépissage. | | » | 10 |
| Retenage et en huile. | | » | 20 |
| Finissage. | | » | 15 |
| | Total. . | » | 85 |

### TIGES A L'ÉCUYÈRE.

| | | | |
|---|---|---|---|
| Crépissage et rebroussage. | la paire . | » | 15 |
| Mise au vent. | | » | 15 |
| En huile et finies. | | » | 15 |
| | Total. . | » | 45 |

### TIGES A CAVALERIE.

| | | | |
|---|---|---|---|
| Crépissage | les 100 paires . | 1 | 50 |
| Mise au vent. | | 3 | 50 |
| Mise en huile et retenage | | 3 | 50 |
| Mise en huile hors des bois.. | | 3 | 75 |
| Dégraissage à plat.. | | 1 | 25 |
| | Total. . | 13 | 50 |

### DERRIÈRE ET AVANT-PIED POUR CAVALERIE.

| | | | |
|---|---|---|---|
| Crépissage | les 100 paires.. | 1 | 50 |
| Mise au vent. | | 2 | 50 |
| Retenage et mise en huile. | | 2 | 50 |
| Dégraissage à plat. | | 1 | » |
| | Total. . | 7 | 50 |

### FAUSSES BOTTES.

| | | | |
|---|---|---|---|
| Collage. | les 100 paires. | 9 | » |
| Noircissage.. | | 4 | » |
| Finissage. | | 5 | » |
| | Total. . | 18 | » |

## MANCHETTES.

| | | | |
|---|---|---|---|
| Collage. . . . . . . . . . . . . . . . . . . les 100 paires. | 4 | » |
| Noircissage net. . . . . . . . . . . . . . . . . . . . . | 1 | 25 |
| Manchettes finissage. . . . . . . . . . . . . . . . . | 1 | 25 |
| Guêtres blanchies à l'étiré . . . . . . . les 100 paires. | 7 | » |
| Applatissage des guêtres. . . . . . . . . . . . . . . | 2 | 25 |
| Coupage des guêtres. . . . . . . . . . les 100 paires. | 4 | » |
| Cols militaires, retenage et glaçage. . . . . . . . . | 2 | 25 |
| Têtes de veaux pour sous-pieds de guêtres. . . . . . | 8 | » |
| Débris de veau à pantalons. . . . . . . les 50 kilos. | 25 | » |
| Carcasse, les 100 morceaux collés ou redressés. . . . | 2 | » |
| Veaux à bordures. . . . . . . . . . . . . . . . . . | 1 | 50 |
| Veau à pantalons, butage. . . . . . . . la douzaine. | » | 40 |
| Vaches pour guêtres, étiré, chair ou fleur. . . la pièce. | » | 30 |
| Sièges. . . . . . . . . . . . . . . les 100 paires. | 10 | » |
| Arçons. . . . . . . . . . . . . . . . —— Id. —— | 12 | 50 |
| Croupons pour cartouchières (de table) . . . . . . . | 1 | 15 |
| Coupage des sous-pieds. . . . . . . . . les 100 paires | 10 | » |
| Croupons pour accessoires de gibernes. . . . . . . . | » | 60 |
| Croupons pour pattelettes et coulants. . . . la pièce. | 1 | » |
| Vaches pour cartouchières, défoncé, étiré, chair ou fleur. | » | 50 |
| Cheval pour besaces. . . . . . . . . . les 50 kilos. | 25 | » |
| Sachets prises en croûte. . . . . . les 50 kilos, tables. | 15 | » |
| Contre-épaulette, prises en croûte. . . . les 50 kilos. | 8 | » |

## CROUPONS POUR LA TROUPE.

| | | | |
|---|---|---|---|
| Crépissage et butage . . . . . . . . . . . . . . . . | 3 | 50 |
| Mise au vent. . . . . . . . . . . . . . . . . . . . | 2 | 25 |
| Mise en huile, deux fois. . . . . . . . . . . . . . | 2 | 90 |
| Dégraissage. . . . . . . . . . . . . . . . . . . . | 1 | 55 |
| Finissage. . . . . . . . . . . . . . . . . . . . . | 1 | 50 |
| Total. . | 11 | 70 |

## BRIDES A SABOTS.

| | | | |
|---|---|---|---|
| Pesée finie. . . . . . . . . . . . . les 50 kilos. | 20 | » |

*Id.* en croûte, façons détaillées.

| | | | |
|---|---|---|---|
| Rebroussage. . . . . . . . . . . . . . . . . . . . | 1 | 90 |
| Butage. . . . . . . . . . . . . . . . . . . . . . | 1 | 40 |
| Drayage. . . . . . . . . . . . . . . . . . . . . . | 1 | 40 |
| Mise au vent. . . . . . . . . . . . . . . . . . . | 2 | 20 |
| Retenage. . . . . . . . . . . . . . . . . . . . . | 1 | 40 |
| En huile. . . . . . . . . . . . . . . . . . . . . | » | 40 |
| Premier noir et deuxième noir. . . . . les 50 kilos. | 2 | 50 |
| Piéçage et passage en sang. . . . . . . . . . . . | » | 80 |
| Lissage. . . . . . . . . . . . . . . . . . . . . . | 3 | » |
| Total. . | 14 | » |

# SELLERIE.

| | | |
|---|---:|---:|
| Cuir noir à la pièce, sans drayage | 5 | » |
| Cuir noir à la livre ——Id.—— | 5 | » |
| Cuir jaune, sans drayage | 4 | 50 |
| Vaches à capottes, sans drayage | 3 | 50 |
| Baches, sans drayage | 4 | » |
| Petits veaux jaunes et noirs, sans drayage | 10 | » |
| Veaux à caparaçons, sans drayage | 12 | » |
| Peau de cochon, sans drayage | 1 | 50 |

## SELLERIE, FAÇON DÉTAILLÉE.

| | | |
|---|---:|---:|
| Appointage | » | 60 |
| Mettage en suif | » | 25 |
| Foulage | » | 20 |
| Mettage au vent | 1 | 20 |
| —Id.— en nourriture | » | 20 |
| Retenage en premier | » | 60 |
| —Id.— en second | » | 40 |
| Finissage | » | 70 |
| Total. | 5 | » |

## CUIR NOIR A LA LIVRE.

| | | |
|---|---:|---:|
| Appointage | » | 75 |
| Mettage en suif | » | 50 |
| Foulage | 1 | 40 |
| Mettage au vent | 1 | » |
| Retenage en premier | 1 | » |
| —Id.— en second | » | 35 |
| Total. | 5 | » |

## CUIR JAUNE, S. D.

| | | |
|---|---:|---:|
| Défonçage | » | 76 |
| Décrassage | 1 | 30 |
| Passage en blanc et sumac | » | 50 |
| Mettage au vent | » | 50 |
| Retenage | » | 80 |
| Mettage en nourriture | » | 50 |
| Glaçage | » | 20 |
| Total. | 4 | 50 |

### VACHES A CAPOTES ET JAUNES, S. D.

| | | |
|---|---|---|
| Appointage. | » | 50 |
| Mettage en suif. | » | 20 |
| Foulage. | » | 40 |
| Mettage au vent. | » | 60 |
| —*Id.*— en nourriture. | » | 40 |
| Retenage. | » | 60 |
| Pour les grainer, sans drayage. | » | 50 |
| ——*Id.*—— lustrer. | » | 30 |
| **Total.** | **3** | **50** |

### BACHES.

| | | |
|---|---|---|
| Appointage. | « | 50 |
| Mettage en suif. | » | 40 |
| Foulage. | » | 50 |
| Mettage au vent. | » | 70 |
| —*Id.*— en nourriture. | » | 40 |
| Retenage. | » | 70 |
| Pour les grainer. | » | 50 |
| ——*Id.*—— lustrer. | » | 30 |
| **Total.** | **4** | **»** |

| | | |
|---|---|---|
| Veau jaune et noir, sans drayage. | 10 | » |
| Veau à eaparaçons, sans drayage. la douzaine. | 12 | » |
| Cuir pour quartier de selle. | 5 | » |
| Dépouilles en façon de cuir jaune. les 50 kilos. | 15 | » |

NOTA. Le crépissage étant reconnu pour façon indispensable à la préparation du mettage au vent, si les patrons voulaient le supprimer, ils paieraient à l'ouvrier au moins la moitié du crépissage en sus du prix du mettage au vent porté sur le tarif.

Les 10 heures de travail seront toujours maintenues d'après le décret du 2 mars 1848.

*Tout ouvrier à la journée sera payé graduellement, suivant le tarif.*

# TARIF GÉNÉRAL

# DES OUVRIERS CAMBREURS

## DU DÉPARTEMENT DE LA SEINE.

---

## MONTAGE.

### VEAU NOIR ET BLANC.

Tiges et bottins. . . . 30
Avants-pieds. . . . . 25

### VACHE.

Tiges grandes. . . . 35
-*id.*- ordinaires et bottins 32
Avant-pieds. . . . . 30

### APRÈS LA MÉCANIQUE.

#### VEAU.

Tiges et bottins. . . . 25
Avant-pieds. . . . . 20

#### VACHE.

Tiges grandes. . . . 30
-*id.*-ordinaires et bottins 27 1⁄2
Avant-pieds. . . . . 25

### COULEUR.

Tiges complètes. . . . 60
-*id.*- sans pieds. . . 50
Avant-pieds. . . . . 45

### GUÊTRES.

Guêtres montage. . . . 25

## FINISSAGE.

### VEAU BLANC.

Tiges et bottins. . . . 15
Avant-pieds. . . . . 15

### VEAU NOIR.

Tiges et bottins. . . . 10
Avant-pieds. . . . . 7

### VACHE.

Tiges grandes. . . . 20
*id.*- ordinaires et bottins 10
Avant-pieds. . . . . 14

### APRÈS LA MÉCANIQUE.

#### VEAU.

Tiges et bottins. . . . 25
Avant-pieds. . . . . 20

#### VACHE.

Tiges grandes.. . . . 32 1⁄2
-*id.*-ordinaires et bottins 30
Avant-pieds. . . . . 25

### DERRIÈRES.

Veau blanc. . . . . 10
-*id.*- noir. . . . . 7
Vache *id.* grands blancs. 15
-*id.*-ordinaires et bottins. 10

## FIN.

---

Imprimerie de Chassaignon, rue Gît-le-Cœur, 7.

168